MÉMOIRE

DE

LOUIS XIV.

MÉMOIRE

DE

LOUIS XIV

SUR

LA GUERRE DE 1672.

PUBLIÉ

PAR M. H. DUSEVEL,

MEMBRE DU COMITÉ DES CHARTES ET INSCRIPTIONS PRÈS LE MINISTÈRE DE L'INSTRUCTION PUBLIQUE.

AMIENS,

CARON-VITET, IMPRIMEUR-LIBRAIRE

PLACE DU GRAND-MARCHÉ.

1838

AVERTISSEMENT.

Le *Mémoire sur la Guerre de* **1672**, que nous offrons au public, est extrêmement curieux comme document historique et comme œuvre d'un grand Roi; il fournit des détails d'un haut intérêt sur des évènements célèbres dans les fastes de la nation française et qui fixèrent autrefois l'attention de l'Europe entière. On sait, en effet, que ce fut pendant cette mémorable campagne qu'eut lieu le passage du Rhin, si glorieux pour Louis XIV et si dignement chanté par Boileau dans des vers pompeux, devenus presque populaires.

On attribue à Louis XIV des *OEuvres* et des *Mémoires* publiés en 1806 par Grouvelle et de Gain-Montagnac (1) ; mais aucun de ces ouvrages ne renferme le précieux écrit que nous publions : nous sommes donc porté à croire, avec les plus savants bibliographes de la capitale (2), qu'il est resté inédit.

On ne le trouve à la suite ni du *Journal de la guerre de Hollande* d'Henry Etienne (3), ni des *Mémoires sur les expéditions militaires d'Allemagne et de Hollande* (4), ni enfin dans *l'histoire de la guerre de Hollande* par De Courtilz (5) ; et, chose remarquable, les *Mémoires de Louis* XIV que publia Gain de

---

(1) *Œuvres de Louis XIV*, mises au jour par Grimoard et Grouvelle, 6 vol. in-8°., fig. Paris, 1806. — *Mémoires de Louis XIV*, écrits par lui-même, etc., mis en ordre et publiés par J. L. M. de Gain-Montagnac. Paris 1806, 1 vol. in-8°., divisé en deux parties.

(2) MM. Beuchot, Crapelet, etc.

(3) *Journal de la Guerre de Hollande, depuis le départ du Roi jusqu'à son retour;* par H. Etienne, Escuyer, sieur du Belle ; 2 vol. in-12. Paris 1673.

(4) *Mémoires très-fidèles et très-exacts des Expéditions militaires qui se sont faites en Allemagne, en Hollande et ailleurs*, depuis le traité d'Aix-la-Chapelle, jusques à celui de Nimègue, etc., par un officier distingué ; 2 vol. in-12. Paris, 1734.

(5) *Histoire de la Guerre de Hollande*, depuis 1672 jusqu'en 1677, par Gatien De Courtilz ; 1 vol. in-12. La Haye 1689.

Montagnac contiennent une lacune qui se rapporte précisément à la guerre de 1672; ainsi, il est plus que vraisemblable que l'opuscule en question n'a jamais été publié.

Nous l'avons découvert dans les papiers du Lieutenant-général Comte de Vault, ancien Directeur du dépôt de la guerre, homme qui joignait à une parfaite connaissance de l'art militaire le talent de l'historien (1); M. le comte de Betz, petit neveu de cet habile général, a bien voulu nous permettre de le publier.

Persuadé que nos lecteurs nous sauraient gré de leur faire connaître le style du puissant Monarque qui dirigea en personne les opérations de cette célèbre campagne, nous nous sommes attaché à donner la reproduction exacte de son Mémoire; nous avons même laissé subsister l'orthographe et la ponctuation un peu défectueuses de cet écrit.

Nous y avons joint des notes explicatives

---

(1) C'est ce que prouvent les *Mémoires militaires relatifs à la Succession d'Espagne sous Louis XIV*, publiés par ordre du Roi et sous les auspices du Ministre de l'Instruction publique, par M. le général Pelet; in-4°. Paris, 1835, 1837 et 1838.

qui nous ont paru nécessaires pour l'intelligence de certains passages du texte, et dans lesquelles on trouvera la réfutation de diverses erreurs commises par Voltaire.

Dans un moment où le goût le plus prononcé se manifeste de toutes parts pour la recherche des documents relatifs à l'histoire de France, où le Gouvernement et le Ministre de l'Instruction publique se font un devoir d'encourager les hommes laborieux qui s'adonnent à cette utile investigation, nous osons espérer que notre publication sera accueillie avec faveur ; elle le mérite sans doute, si dans ce *Mémoire* de Louis XIV, nous offrons aux amis de notre histoire nationale un monument resté jusqu'ici inconnu.

Amiens, le 30 *Septembre* 1838.

H. DUSEVEL.

MÉMOIRE

DE

LOUIS XIV,

SUR LA GUERRE DE 1672.

QUOY qu'il ne soit pas séant aux princes non plus qu'aux particuliers de reprocher les bienfaits dont ils ont comblé leurs amys ou leurs voisins; on peut cependant sans craindre de tomber dans ce deffaut, imputer la source et l'origine de la guerre présente qui vient de s'allumer entre la France et les provinces unies, à l'ingratitude, à la méconnaissance et à la vanité insuportable des Hollandois. Chacun sçait que ces peuples doivent leur établissement en république libre, à la puissante protection que les roys mes prédecesseurs très chrétiens leur ont accordé depuis près d'un siècle, soit contre la maison d'Autriche leur ancienne souveraine, soit contre l'empire et l'Angleterre; chacun sçait que, sans son apuy, ces puissances, ou liguées ensemble ou agissant séparement, auraient en divers temps conquis, englouty cet état. Ces évènements sont de nos jours, et il suffit pour le prouver, d'alleguer la dernière guerre que l'évesque de Munster, un des plus foibles princes de l'empire, sans aucun subside ny secours étranger, a fait en dernier lieu à cette république qui étoit à deux doigts de sa perte, sans les troupes choisies auxiliaires que je lui envoyay. Je m'attache à cet évènement préferablement à tout autre, pour faire voir l'impuissance ou le mauvais gouvernement de cette république, et le peu de fondement qu'elle avoit d'être si fière, puisque dans son état le plus florissant elle se laissoit insulter par un prince qui n'étoit pas, pour ainsy dire, plus riche que quelqu'uns de ses sujets, et pour faire remarquer au public que sans mon secours qui étoit le seul auquel elle pût avoir recours, l'Empire, l'Espagne et l'Angleterre n'étant point pour lors en termes avec elle de luy en donner, elle seroit peut être rentrée dans des fers moins nobles et plus pesans que ceux qu'elle avait brisés avec tant de sang et de peine 80 ans auparavant. La postérité qui n'aura pas été témoin de touts ces évènements demandera quels ont été le prix et la reconnaissance de tant de bienfaits? pour la satisfaire je veux luy aprendre que dans toutes les guerres que les Roys mes prédecesseurs ou moy avons entreprises depuis près d'un siècle, contre les puissances voisines, cette république ne nous a non seulement pas secondé de troupes, ny d'argent et n'est pas sortie des bornes d'une simple et tiède neutralité, mais a toujours taché de traverser ou ouvertement, ou sous main, nos progrès et nos avantages; ce qui vient d'arriver le justifie assés. J'avois inutilement sollicité l'Espagne, après la mort du Roy Catholique, de rendre justice à la Reyne sur les légitimes prétentions qu'elle avoit sur les Pays-Bas: accablé de refus continuels, j'avois pris les armes et avois porté la guerre dans ces provinces, pour faire valoir les droits de cette princesse et luy faire restituer les états qui luy apartenoient. Dieu qui est le protecteur de la justice, avoit béni et secondé mes armes; tout avoit plié devant moy et à peine avois-je paru que la plupart des meilleures places des Pays-Bas, s'étoient soumises à mon obéissance. Au milieu de toutes ces prospérités, l'Angleterre ny l'Empire même, convaincus de la justice de ma cause, quelque intérest quils eussent à arrêter la rapidité de mes conquestes, ne s'y opposèrent point; je ne trouvai dans mon chemin que mes bons, fidèles et anciens amys les Hollandois qui, au lieu de s'intéresser à mon bonheur et à ma fortune, comme à la base de leur état, voulurent m'imposer des loix, m'obliger à faire la paix et ôsèrent même ûser de menaces, en cas que je refusasse d'accepter leur médiation. J'avoue que leur insolence me piqua au vif et que je fus prest, au risque de ce qui pourroit arriver de mes conquestes aux pays bas espagnols, de tourner toutes mes forces contre cette altière et ingrate nation : mais ayant apellé la prudence à mon secours, et considéré que je n'avois pas le nombre de troupes ny la qualité des alliés requis pour une pareille entreprise, je dissimulay ; je conclus la paix à des conditions honorables, et resolus de remettre la punition de cette perfidie à un autre tems.

Depuis la conclusion de la paix qui fut signée en 68 jusques en 71, je travaillay à engager dans mon alliance toutes les puissances que je crus nécessaires à mon entreprise. Fatigué et pour ainsy dire accablé des perfidies du duc de Lorraine et des engagemens dans lesquels il entroit continuellement contre mon service et contre sa parole, je me rendis en peu de tems maître de son pays et de ses places. Incontinent après, j'augmentay peu à peu mes troupes, afin de ne point allarmer mes voisins par des levées brusques et puissantes ; je disposay ensuite mes alliances de cette manière : j'engageay le Roy de la Grande-Bretagne, aussi mécontent de son costé des Hollandois que moy, à unir ses forces aux miennes et l'Empereur et quelqu'uns des plus considérables électeurs et princes de l'Empire, à ne se mesler de rien et à garder une parfaite neutralité. Je ne faisois pas un grand fond sur la solidité de ces alliances que je prevoiois bien ne devoir pas durer longtems, comme on le verra dans la suite ; mais je comptois pour un grand avantage, de pouvoir chatier en liberté pendant quelque tems l'insolence des Hollandois, et j'esperois les réduire à souscrire à une paix honteuse, avant que les puissances mes alliées, pussent être en état de les secourir.

Pendant l'année 1671, il survint en Allemagne un incident favorable à mon dessein. L'électeur de Cologne voulut faire revivre d'anciennes prétentions sur la ville de Cologne ; la ville pour s'en soustraire et pour maintenir sa liberté, se jetta entre les bras des Hollandois et de l'Empereur qui y firent incontinent après passer des troupes. Je profitay de cette occasion : j'offris ma protection et mon secours à l'électeur, je mis heureusement de la partie l'évesque de Munster qui étoit un prince de réputation dans l'Empire et grand ennemy des Hollandois. Tout réussit comme je le souhaitois ; je traittay avec l'électeur, lequel s'engagea de me remettre toutes ses places et de donner dans son pays des quartiers d'hiver à mes troupes, en un mot, je vins à bout de la seule chose qui pouvoit me mettre en état de porter la guerre dans le cœur des provinces unies, car sans cela l'entreprise étoit d'une difficulté invincible ; et pour y parvenir, il ne falloit pas moins que déclarer la guerre à l'Espagne, et passer sur le ventre de toutes les places fortes que cette couronne possède aux Pays Bas, et ainsy entamer une guerre dont les Espagnols et non les Hollandois, eussent été la victime ; ou bien se resoudre à attaquer ces derniers seulement par mer, comme se passent toutes les guerres entre l'Angleterre et cette nation, qui eut été une expédition d'aucune solidité et d'aucune ressource. Suivant cette heureuse disposition d'alliance, je fis partir mes troupes au commencement de l'année 72, en deux corps : le premier sous les ordres de Montelar et l'autre sous ceux de La Feuillée, brigadiers de cavalerie, pour soulager les états de l'électeur de Trèves qui m'avoit accordé passage dans son pays. Ces troupes arrivèrent en peu de jours à Rhimberg, petite ville scituée sur les frontières de l'électorat de Cologne, où le marquis de Louvois que j'avois chargé de la conduite de la négociation avec l'électeur de Cologne et l'éveque de Munster, fit prêter serment à mes troupes entre les mains de l'électeur qui y étoit en personne. Il survint à cette occasion un petit incident que je ne veux pas taire : la proposition de prêter serment à un prince étranger, cabra d'abord celles de ma maison qui sont particulièrement destinées à la garde de ma personne ; mais aussytôt que le marquis de Louvois leur eut expliqué mes intentions, et qu'il y allait de mon service d'en user ainsy, elles se conformèrent sans difficulté à ce que les autres venoient de faire. Cette précaution étoit absolument nécessaire tant pour porter l'électeur de Cologne qui n'étoit point entièrement dans la confidence de la guerre que je projettois de faire dans la suite aux Hollandois, et qui, sur ce pied, ne se serait point engagé avec moy à signer le traité par lequel il me remettoit toutes ses places, que pour fasciner les yeux aux Hollandois par un faux pretexte de soutenir l'électeur contre la ville de Cologne, et les empêcher d'entrer à main armée dans l'électorat et de ruiner en un instant l'établissement que j'y faisois, sans lequel il étoit absolument impossible que je portasse la guerre chez eux. La chose réussit comme je me l'étais proposé : l'écharpe et l'étendart de Cologne rassurèrent les Hollandois et l'Empire sur l'arrivée de mes troupes et la prise des quartiers d'hyver dans l'électorat ; tout demeura calme. Pendant l'hyver on travailla à l'accomodement de l'électeur avec la ville capitale, et je fis mettre les fortifications de Neuss et de Keyserswerth sur le Rhin et de Dorsten sur la Lippe, en bon état, afin de pourvoir à la sûreté des grands magasins de toutes sortes de munitions de guerre et de bouche que j'y faisois faire en diligence, et qui devoient être le fondement de l'entreprise de Hollande. J'avoue que ces commencements furent un peu délicats et qu'ils ne me donnèrent pas peu d'inquiétude, quand je faisois reflexion que mes troupes étoient éparses dans les villages du plat pays, que toute la sureté de la frontière qui les couvroit, consistoit en de mauvaises places de guerre, toutes ouvertes, et que les Hollandois pouvoient entrer avec leurs forces dans le plat pays, et ruiner tous mes projets, sans que je pusse y aporter aucun remède, au hazard de perdre la meilleure partie de mes troupes et de ne pouvoir tirer raison de l'insulte que les Hollandois m'auroient fait, par l'impossibilité de porter la guerre chez eux que par les pays bas espagnols, qui eut été une entreprise, ainsy que je l'ai remarqué cy dessus, à laquelle il n'eut pas été prudent de penser; mais Dieu favorisa mes desseins : les Hollandois entestés, enyvrés de leur grandeur et de leur puissance, demeurèrent dans un assoupissement presque léthargique pendant tout l'hyver; la bonne intelligence régna sur les frontières, le commerce ne fut point interrompu, l'empire demeura tranquile et j'eus le loisir de me pourvoir abondamment de tous mes besoins. Chamilly l'aîné, que j'avois donné à l'électeur de Cologne pour général de ses troupes, commanda aussy les miennes et se conduisit dans toute cette affaire avec beaucoup de prudence et d'adresse. Si les états généraux firent une lourde faute de ne pas faire marcher leurs forces dans l'électorat de Cologne, pour en chasser mes troupes et pour y ruiner tous les établissements que j'y faisois, ils la reparèrent en quelque façon, en travaillant à une augmentation considérable de leurs forces de terre et de mer. De With, pensionnaire de Hollande, étoit alors à la teste de la République, et avoit la principale part au gouvernement; le prince d'Orange étoit fort jeune et la charge de Stathouder qu'avoient possédé ses pères étoit alors supprimée. De With dont l'esprit étoit fort républiquain et qui étoit par conséquent l'ennemy du prince d'Orange, soutint assez bien la gageure, tant que le péril fut éloigné. Comme il est arrivé à la pluspart des gens qui, enyvrés de leur bonne fortune et ne prévoyant pas les malheurs qui peuvent leur arriver, en gardant une mauvaise conduite, avec leurs voisins, il se regardoit comme le dictateur perpétuel, et vouloit que sa république ne cédât en rien en fierté et en hauteur à la république de Rome ; il ne voyoit pas la différence infinie qu'il y avoit de l'une à l'autre et par le fond de sa puissance et par la qualité de ses voisins. Mais quand au printems l'orage commença à gronder, les armes luy tombèrent des mains et par force, ou par crainte, de ne pouvoir pas soutenir luy seul le pésant fardeau de la guerre qui étoit prête à s'alumer, il souscrivit au retablissement de la charge de Stathouder en faveur du prince d'Orange qui en fut revêtu sur le champ, avec un pouvoir plus ample qu'aucun de ses pères ne l'avoient autrefois possédée.

Les choses étoient en cet état au commencement du printems. J'avois disposé mes projets de guerre de manière que je devois tomber en même temps sur quatre places considérables des ennemys, dans la pensée que j'avois qu'on ne pouvoit faire un trop grand effort dans le commencement, pour déconcerter les Etats généraux et leur abattre le courage. Je fis d'abord assembler l'armée du prince de Condé sous Sedan et je le fis marcher par les Ardennes, jusques auprès de Liége ;

j'assemblay la mienne vers Charleroy et je marchay par la Hesbaye, avec mon frère et le vicomte de Turenne à Wiset, où je passay la Meuse sur un pont de bateaux. En arrivant, j'envoyay le marquis de Chamilly (qui m'étoit venu joindre du pays de Cologne et qui avoit laissé le commandement des troupes à Montal) avec un gros détachement à Maseyck, pour se saisir de cette place qui étoit un poste important du pays de Liège, tant à cause du passage de la Meuse, que pour couper la communication de Mastricht avec le reste de la Hollande. Nous marchâmes ensuite, moy et le prince de Condé, par des routes différentes, pour faire subsister plus aisément les troupes à travers les pays d'outre Meuse, de Julliers et de Cologne, et mes armées arrivèrent en peu de jours sur le Rhin à la hauteur de Neuss. Je fis passer le Rhin au prince de Condé avec la sienne, sur un pont de bateaux que j'avois fait construire sur le Rhin près de Keyserstreers ; je l'envoyai passer la Lippe à Dorsten et je lui ordonnay d'attaquer Wesel, place si importante et si connue, qu'il n'est pas besoin d'en rien dire. Je séparay en même temps mon armée en trois : j'envoyay mon frère avec une attaquer Orsoy, le vicomte de Turenne avec une autre investit Burick et je marchay avec la troisième à Rhimberg, toutes places considérables, scituées sur le Rhin, entre Wesel et Keyserswerth. Les mesures de ces quatre entreprises furent concertées si justes, que les 4 places furent investies presque en même tems. Orsoy et Burick ne tinrent pas, Rhimberg et Wesel furent pressées si vivement, qu'elles subirent le sort des deux premières ; en sorte que les Etats généraux apprirent presque aussitôt la nouvelle de leur réduction à mon obéissance que de leur investiture. Toutes les troupes qui étoient dedans furent faites prisonnières de guerre. Ce grand commencement fut un présage heureux du reste de la campagne ; il fut accompagné des progrès avantageux que le duc de Luxembourg, que j'avois donné pour général à mes alliés, fit avec les troupes de Munster et de Cologne et quelqu'unes des miennes, sur les frontières du Loverissel, en se saisissant brusquement des places d'Otekom, Borkeloo, Breflort, Groll, et autres voisines.

Après avoir pourvu à la sûreté des 4 places du Rhin nouvellement conquises, je resolus de profiter de ma fortune, et de pousser ma pointe le plus diligemment que je pourois. J'envoyay le vicomte de Turenne se saisir du fort de Rées, qui étoit scitué sur le bord du Rhin vis-à-vis de la ville de Rées, le prince de Condé attaquer Emmerich et je passay le Rhin avec mon frère et marchay à Rées. Toutes ces places allarmées par le succès de mes armes, et se voyant abandonnées par les Hollandois ne tinrent point ; en sorte qu'en huit ou dix jours, je me trouvay maître absolu du bas Rhin, à la réserve du fort de Schenk et de Parnhein. Avant d'engager toutes mes forces du costé du Rhin, j'avois pourvu à la sûreté de mes places du pays bas, et j'y avois laissé un corps de troupes proportionné et même plus puissant que celuy que l'Espagne pouvoit mettre sur pied, ne voulant pas que pendant que je serois occupé à la conqueste de la Hollande, l'Espagne toujours mal intentionnée et jalouse de ma grandeur, me donnât aucune inquiétude pour mes places et pour mes anciennes frontières. J'avois aussy pourvu à la sûreté de l'Alsace, quoique je susse bien que l'empereur n'étoit pas pour lors en état de rien entreprendre de ce costé-là.

Pour revenir à l'expédition de Hollande, il est à propos de dire que lorsque les Hollandois virent la guerre engagée sans aucune ressource, prévoyant que le premier effort de mes armes tomberoit sur les places du Rhin, et sçachant bien qu'on ne pouvoit pénétrer dans le cœur de leur pays qu'en passant le Wahl, le Rhin ou l'Yssel, ils se mirent l'esprit en repos sur le premier fleuve qui à cause de son extrême largeur, rapidité et profondeur n'est pas praticable pour un passage brusque, et ils s'attachèrent à déffendre les deux derniers, fort inférieurs en difficulté à l'autre. Ils assemblèrent nombre de paysans et firent faire de grands retranchemens sur les bords de ces fleuves, et parceque l'Yssel étoit plus foible que le Rhin et que le passage étoit plus commode pour entrer en Hollande, les états y envoyèrent le prince d'Orange avec le gros de l'armée et firent passer Montbas dans le Betau, avec un corps considérable de troupes, pour soutenir les retranchemens du Rhin. Toutes ces dispositions étoient faites avec assez de raison : le prince d'Orange étoit posté derrière l'Yssel, près de Doesbourg, vis-à-vis Wester, Montbas derrière le Rhin, au dessous de Tolhus ; ils se pouvoient donner la main en cas que l'un des deux fleuves fut attaqué. Comme le succès de cette entreprise étoit important pour la suite de la guerre, et qu'il étoit difficile qu'il n'y eut quelque grande action au passage de l'une de ces rivières, j'examinay avec soin à laquelle des deux il convenoit de s'attacher pour réussir. Je fis part de mon dessein à mon frère, au prince de Condé et au vicomte de Turenne, et je résolus de tenter le passage du Rhin préférablement à celuy de l'autre, quoyque jusque là cette entreprise n'eut été ni formée ni conçue même par ceux des deux partis qui avoient autrefois fait la guerre en Hollande. Mais afin d'embarrasser les ennemys, de leur ôter entièrement la connaissance de mon véritable dessein, et de les empêcher de dégarnir l'Yssel, pour porter toutes leurs forces dans le Betau, je détachay le comte de Roye, avec un corps de troupes considérable, et luy ordonnay de marcher à Westerforde vis-à-vis les retranchemens des ennemys, et de faire semblant de vouloir passer ce fleuve, afin de donner de l'attention de ce costé là aux ennemys et au prince d'Orange. En même temps le duc de Luxembourg qui s'étoit saisy de Loeverden, place d'une ancienne et grande réputation sur ces frontières, avoit la teste tournée avec les troupes de mes alliés du côté de Deventer, grande place scituée sur le bas Yssel ; ce mouvement ne donnoit pas encore de ce costé là peu d'inquiétude aux ennemys, quoyque le duc de Luxembourg en fut pour lors encore fort éloigné. La marche du comte de Roye produisit l'effet que je m'étois proposé, contint le prince d'Orange et l'empêcha de fortifier le corps de Montbas qui veilloit à la garde du Betau. En effet, la profondeur, la rapidité et la largeur du Rhin pouvoient donner quelque confiance et mettre l'esprit en repos : cependant, sur le rapport de plusieurs gens du pays que le comte de Guiche avoit menés le long de ce fleuve pour visiter les bords, et qui assurèrent qu'on pouvoit le passer vis-à-vis le Tolhus, je resolus de l'avis du prince de Condé de faire tenter le passage.

Le comte de Guiche à la teste des arquebusiers, de la brigade de Pillox et de plusieurs gens de qualité de la cour, volontaires, se jetta dans le Rhin ; un escadron des ennemys qui étoit posté dans le Tolhus, debusqua brusquement de son poste, se jetta de son côté d'assez bonne grâce dans le Rhin, pour disputer le passage de ce fleuve au comte de Guiche, et fit sa décharge dans le milieu de l'eau, de laquelle Guiche grand maître de ma garde-robbe, Nogent maréchal de camp et maître de ma garde-robbe, Théobon et quelques autres officiers ou volontaires, furent tués, Revel colonel des cuirassiers et quelques autres blessés. J'avois moy-même posté ma batterie un peu au-dessous de l'endroit où se faisoit le passage qui le voyoit à revers. A peine l'escadron fut entré dans l'eau que je fis tirer dessus ; le grand feu de canon favorisoit le passage et ébranla si fort les ennemys, qu'ils se retirèrent en désordre et porterent à Montbas, qui étoit avec le gros de ses troupes dans son camp au-dessous de Tolhus, la triste nouvelle du passage forcé et de l'entrée de mes troupes dans le Betau. Ce contre tems facheux déconcerta si fort Montbas, qu'il ne songea plus qu'à sa retraite du côté d'Arnheim. A peine les premières de mes troupes furent passées que le prince de Condé, le duc d'Enghien son fils et le duc de Longueville qui, au bruit du passage, avoit accouru à toute bride d'auprès du comte de Roye, avec lequel il étoit détaché, passèrent le Rhin dans une petite barque et leurs chevaux à la nage ; le prince ne songea d'abord qu'à mettre ce qu'il y avoit de cavalerie passée en bataille, afin de marcher ensuite avec un corps reglé aux ennemys, ou pour les combattre, ou du moins pour les inquiéter dans leur retraite. J'étois présent au passage qui fut hardy, vigoureux, plein d'éclat et glorieux pour la nation. Je fis passer brusquement des troupes afin de fortifier le corps du prince de Condé et travailler diligemment à un pont de Bateaux sur le Rhin et je demeuray avec mon frère, le vicomte de Turenne qui, après l'expédition du fort de Rees, m'étoit venu joindre et le reste de l'armée, sur le bord du Rhin, pour m'opposer au prince d'Orange, en cas que sur l'avis du passage forcé du Rhin, il eut pris le party de passer brusquement l'Yssel et de marcher à moy pour tomber sur l'armée à demie passée et attaquer mon arrière garde. Mais il se trouva par la suite que ma précaution quoyque nécessaire, devint inutile, car le prince d'Orange, sur la retraite du comte de Roye qui luy donnoit de l'attention pour l'Yssel et apparemment sur les avis que Montbas luy donna, prit un party tout différent, et envoya diligemment par Amheim un corps considérable de troupes dans le Betau pour soutenir Montbas, et demeura avec le reste de son armée sur l'Yssel. Ce corps trouva Montbas en marche, et ne luy inspira point l'esprit de retour. Pendant ce temps-là, le prince de Condé s'avança vers les retranchemens des ennemys pour accélérer leur retraite ; il fut suivy de tout ce qu'il y avoit de gens de la première qualité de France, auxquels j'avois permis de l'accompagner ; tous ces volontaires, la pluspart jeunes gens, désirant de se distinguer à ma vue et de mériter mon estime et celle d'un des plus grands capitaines de l'Europe qui étoit à leur teste, donnèrent d'abord beaucoup d'occupation au prince de Condé pour les retenir ; mais enfin, le duc d'Enghien et le duc de Longueville luy échappèrent et voulurent forcer une barrière pour joindre les ennemys. Le pays n'est que prairies assés basses, fermées de Watergam, c'est-à-dire fossez, ou de hayes vives, et chaque particulier a sa barrière pour entrer dans son héritage ; ce terrain étoit par conséquent fort favorable à l'infanterie. A peine le prince de Condé se fut aperçu de l'absence de son fils et de celle du duc de Longueville, qu'oubliant, pour ainsy dire, du plus grand homme son caractère de général, et s'abandonnant tout entier au mouvement du sang et de l'amitié tendre qu'il portoit à son fils et à son neveu, accourut, ou pour les empêcher de s'engager légèrement, ou pour les retirer du mauvais pas où leur courage et leur peu d'expérience auroient pu les embarquer ; il les trouva et tous les volontaires aux mains avec les ennemys qui, se voyant pressés, et profitant du terrain qui leur étoit favorable, avoient tourné brusquement. Les ennemys ne tinrent pas long-temps et continuèrent leur retraite en désordre, après avoir perdu beaucoup de monde et des drapeaux et étendarts. Cette action fut fort vive et fort glorieuse ; mais la blessure du prince de Condé au poignet, la mort du duc de Longueville et les blessures des ducs de Larochefoucault, de Coislin et de Vivonne, du jeune Lasalle, de Brouilly ayde-major, de mes gardes-du-corps et de plusieurs autres gens de qualité, en dimi-

5

nuèrent fort le prix et me donnèrent une grande mortification, particulièrement la blessure de Monsieur le Prince, tant à cause de sa naissance et de son mérite singulier, que de la faiblesse de son tempérament exténué par la goutte que j'apréhendois ne pouvoir pas résister à la violence du mal. Après avoir donné les premiers momens aux mouvemens de la nature, de l'amitié et de la considération que j'avois pour ce prince, et avoir remis au duc d'Enghien la patente de général de mes armées à commander, je m'appliquay à pourvoir à la sûreté de mes troupes qui étoient dans le Betau et qui avoient cessé de poursuivre les ennemys dans leur retraite, et j'envoyay dès le même jour le vicomte de Turenne pour commander l'armée du prince de Condé ; je luy ordonnay de marcher brusquement au pont d'Arnheim, à fin d'empêcher que l'armée ennemye n'y vint repasser le Rhin pour rentrer dans le Betau et disputer cette isle à mes troupes qui en étoient pour lors les maîtresses. Je résolus en même temps de marcher à l'Yssel avec mon armée, pour y passer ce fleuve, à la vue même de l'armée ennemye, forcer ensuite ses retranchemens et la combattre. Mais j'appris aussytôt par une lettre du vicomte de Turenne qui, en arrivant au bout du pont d'Arnheim, avoit battu un corps d'infanterie des ennemys qui étoit retranché au Grieff qui est un ancien canal (qui traverse le Betau et aboutit d'un côté au Rhin, au faubourg d'Arnheim, et au Wahal, au fort de Knodsembourg, (vis-à-vis Nimegue), pour luy disputer le passage; j'appris, dis-je, que le prince d'Orange avoit abandonné les retranchemens de l'Yssel et se retiroit à la vue de l'armée du vicomte de Turenne le long du Rhin du costé de Rhenen, de Waqueningen et de Wick Duersted pour se porter de là dans le cœur de la Hollande, et rassurer les esprits que la rapidité de mes conquestes avoit fort alarmés. Cette nouvelle de la retraite prompte du prince d'Orange, quoy qu'avantageuse pour le bien de mon service, me donna d'abord quelque mortification pour ce qui regardoit ma propre gloire, parceque s'il fut resté sur l'Yssel j'espérois le combattre et peut-être deffaire entièrement son armée. Mais ayant toujours préféré l'intérêt de l'état à celuy de ma réputation, je ne songeay qu'à profiter des avantages que la retraite des ennemys me fournissoit.

La conduite que j'avois tenue au commencement de la campagne, en attaquant les 4 places du Rhin en même tems, m'avoit si bien réussi, et avoit si fort abatu le courage des ennemys que je résolus de m'y conformer et de rencherir même dessus, afin de déconcerter entièrement les ennemis. J'envoyay ordre au vicomte de Turenne d'attaquer Arnheim, au duc de Luxembourg de marcher à Deventer, à mon frère d'investir Zutphen et moy je marchay à Doesbourg, pour en faire le siége; toutes ces places étoient très-considérables, fort bien fortifiées et pourvues des troupes et des munitions nécessaires pour une longue deffence. La postérité aura peine à croire que j'aye pu fournir de troupes, d'artillerie et de munitions assez abondamment pour des entreprises de la considération de cellecy; cependant j'avois si bien pourvu à toutes choses, et mes ordres furent exécutés avec tant de régularité et de justesse, par les soins du marquis de Louvois, que l'on ne manqua de rien à tous les sièges.

Le vicomte de Turenne se contenta d'abord de canoner Arnheim, le Rhin entre deux, (où le comte Duplessis maréchal des camps fut tué d'un coup de canon de la place) croyant qu'elle se rendroit, et pendant ce temps-là, alla avec un gros détachement attaquer le fort de Knodsembourg, scitué sur le bord du Wahal, vis-à-vis de Nimegue, comptant de l'emporter d'emblée; mais les ennemys ayant posté des batteries sur le quay ou le port de Nimègue, et placé des frégates armées sur le Wahal qui voyoient à revers la tranchée, firent un feu si épouvantable de canon à cartouche, que les travaux cessèrent d'avancer, les troupes ayant presque toutes esté obligées de se mettre sur le ventre pour être un peu à couvert. Heureusement un peu avant le jour, comme le vicomte de Turenne se disposoit à lever le siége, le gouverneur demanda à capituler, et remit sur-le-champ la place à mes troupes qui en prirent possession. Le vicomte de Turenne retourna aussytôt au siège d'Arnheim, trouva son pont de bateaux achevé sur le Rhin, et comme il se disposoit à passer de l'autre costé, pour assiéger la place dans les formes, elle demanda à capituler, et mes troupes entrèrent dedans, dans le moment. Je pressay pendant ce tems là vivement la ville de Doesbourg quy faisoit une assez bonne deffence ; mon frère et le duc de Luxembourg firent la même chose à Deventer et à Zutphen, enfin toutes ces places, de peur d'être emportées, resolurent d'ouvrir leurs portes et de se soumettre à mon obeissance.

Je n'entre point dans aucun détail de ces sièges, quoyqu'il s'y soit passé des actions considérables particulièrement à Doesbourg, et qu'ils se soient conduits avec toute l'économie, la prudence et la régularité possible, de peur de grossir trop cette histoire que je permets aux historiens d'étendre autant qu'ils le jugeront à propos.

Je perdis Martinet, maréchal de camp, au siège de Doesbourg dont je fus fort faché, parcequ'il avoit beaucoup contribué à mettre mon infanterie sur le bon pied et à luy inspirer la règle et la discipline. Aussytôt que le vicomte de Turenne se fut rendu maître d'Arnheim, je luy envoyay ordre de marcher au fort de Schenk et d'en faire le siège ; cette place si renommée dans les guerres passées, est scituée dans le Betau, dans la fourche du Wahal et du Rhin qui en baignent la pointe et les deux flancs et ne laissent que la teste du costé de terre ferme, attaquable; elle étoit fort bien fortifiée et bien munie de toutes choses, et m'étoit d'une conséquence extrême pour cuvrir le Wahal et le Rhin et par conséquent le commerce des places conquises du Rhin, avec Arnheim et les places de l'Yssel, et pour me mettre en état d'attaquer Nimègue et de porter la guerre plus avant en Hollande et vers la basse Meuse. Le vicomte de Turenne après avoir étably ses quartiers vis-à-vis la teste de terre ferme, la fit attaquer avec beaucoup de vigueur; la deffence ne répondit pas à la bonté et à l'heureuse situation de la place, et elle fut soumise, en 4 ou 5 jours de tranchée ouverte, à mon obéissance.

Cette conqueste fut d'un grand secours, par la facilité qu'elle donna de voiturer tous les besoins par eau. La garnison aussy bien que celles presque de toutes les places conquises, avoient été faites prisonnières de guerre, et ces échecs avoient diminué considérablement les forces des Hollandois. Ma flotte ayant joint celle du roy d'Angleterre étoient toutes deux à la mer.

Les grands et surprenans progrès que mes armées de terre avoient faits en si peu de tems, les avantages que ma flotte et celle d'Angleterre avoient remportés sur celle des États, l'idée et les préjugés d'une ruine certaine et d'un bouleversement général de la république, le peu de fonds qu'il y avoit à faire sur une armée nouvelle, déjà dépérie et commandée par un jeune prince sans expérience, toutes ces tristes et funestes reflexions mirent les Hollandois hors de toutes mesures, et leur firent presque tourner la teste. Utreck ne se croyant pas en sûreté, après la conqueste de l'Yssel et du Rhin, recourut à ma protection et se jetta entre mes bras. Pendant que je faisois respirer mes armées dans le Velace vers Dieren, j'envoyay Rochefert avec un gros détachement, pour se saisir de cette grande place, et comme j'étois en pleine marche pour m'y rendre en personne, je luy ordonnay de passer en avant, du costé d'Amsterdam et de se saisir, s'il étoit possible, de Muyden dans laquelle étoient les eaux douces pour l'usage de cette ville capitale. En passant il prit Naerden, comme je fis d'Amuyfort, en marchant à Utreck. Mais lorsqu'il fut prêt d'entrer dans Muyden, le prince de Nassau se jetta brusquement dans la ville avec un grand corps de troupes et fit échouer l'entreprise. La ville d'Amsterdam en fut cependant si allarmée et si consternée que tous les conseils, les magistrats et les principaux bourgeois s'y étant assemblés, dans la maison de ville, pour délibérer sur le party qu'il y avoit à prendre dans la conjoncture présente, il fut résolu qu'on me députeroit pour me demander ma protection, et même la lettre que le magistrat m'écrivoit pour se soumettre fut expediée, et le trompette de la ville prêt à partir pour me l'apporter, et me venir demander des passeports pour les députés. Il arriva sur cela un incident qui releva un peu le courage des magistrats et des principaux des conseils, et fit différer l'exécution de ce qui avoit été projetté. Quelques particuliers plus fermes, plus sensés et plus judicieux que les autres s'élevèrent, reprochèrent aux magistrats leur faiblesse et leur terreur panyque, et leur représentèrent que la ville d'Amsterdam étoit une ville assez importante et assez considérable, pour mériter d'être sommée de se rendre; ces remontrances judicieuses, insinuées à propos, remirent un peu l'esprit des magistrats et du peuple : L'envoy de la lettre et des députés fut différé, et par ce moyen, la ville se trouva sauvée, n'ayant pas pu y marcher dans ce temps là, faute de vivres et de préparatifs, et ayant moins pu le faire dans la suite, parceque les états, revenus un peu de leur première frayeur et convaincus que le salut du reste de leur pays, consistoit dans celuy de cette capitale qui en est comme l'âme, lachèrent leurs écluses, mirent leur pays entièrement sous l'eau et m'obligèrent à borner mes conquestes du costé de la Hollande, à Naerden, à Utreck et à Worden. La résolution de mettre tout le pays sous l'eau, fut un peu violente; mais que ne fait-on point pour se soustraire d'une domination étrangère? Je ne saurois m'empêcher d'estimer et de louer le zèle et la fermeté de ceux qui rompirent la négociation d'Amsterdam, quoyque leur avis salutaire pour leur patrie, ayt porté un grand préjudice à mon service.

Toutes ces facheuses extrémitéz auxquelles la Hollande se trouvoit réduite, firent extrémement crier les peuples, et les portèrent à me demander la paix ; le roy d'Angleterre s'entremit auprès de moy, pour la leur procurer. On négccia pendant quelque tems, et les propositions qu'on me fit étoient fort avantageuses ; mais je ne pus jamais me resoudre à les accepter, et quoyque je ne sois pas obligé de rendre compte des raisons qui m'empêchèrent d'y souscrire, je veux bien cependant dire que le secret pressentiment que j'eus que le fardeau de la guerre retomberoit enfin sur les Pays-Bas espagnols, et que les places qui me seroient cédées, pour la paix, seroient bien d'un autre prix pour la sûreté et l'agrandissement de mon royaume que celles de Hollande, que je ne pourrois soutenir qu'avec des peines et dépenses infinies, à cause du grand éloignement de mes frontières, et que je serois peut-être obligé d'abandonner dans la suite, me détermina de refuser la paix aux conditions qu'on me l'offrit. La postérité ajoutera foy à ces raisons et rejettera à sa fantaisie ce refus, sur mon ambition et sur le désir de me venger des injures que j'avois reçues des Hollandois : je ne me justifierai point auprès d'elle ; l'ambition et la gloire sont toujours pardonnables à un prince, et particulièrement à un prince jeune et aussy bien traité de la fortune que je l'étois. Du reste, j'ai fait assez voir, par ma conduite suivante, que je n'ay pratiqué la vengeance que par représailles et que pour maintenir la gloire, la réputation et l'intérêt des sujets de mon royaume.

Dans le tems que je me mis en campagne pour m'aprocher d'Utreck, les villes de Campen et de Shval, grandes places de la province d'Overissel, se rendirent à mon obéissance, et j'envoyay ordre au vicomte de Turenne qui faisoit rafraichir son armée dans le Betau, de passer diligemment le Wahal sur un pont de bateaux et d'attaquer Nimègue. Cette place étoit fort bien fortifiée et pourvue d'une garnison de 4,000 à 5,000 hommes, commandés par un vieux lieutenant-général de réputation, et de toutes sortes de munitions ; le vicomte de Turenne l'attaqua dans toutes les formes et la pressa si vivement que, nonobstant sa vigoureuse résistance, il l'obligea en huit ou dix jours de tranchée ouverte, de se rendre à discrétion et la garnison prisonnière de guerre. En même tems le duc de Luxembourg, avec l'armée des alliés, avoit tourné la teste du costé de la Frize dans le dessein d'attaquer Groningue qui en est la capitale, contre mon avis, n'étant pas persuadé que cette armée pût venir à bout d'une entreprise aussy considérable que celle-là, ainsy que l'évènement l'a justifié dans la suite ; mais par complaisance pour l'évesque de Munster qui prétendoit avoir des intelligences secrettes dans cette place, et qui se flattoit d'y réussir, je me laissay aller à y consentir. C'est le seul évènement, ou la seule expédition, qui ayt fait en quelque façon deshonneur à cette magnifique campagne.

Dans ce même temps encore, le marquis de Chamilly que j'avois laissé, dès le commencement de la campagne, avec un corps de troupes pour observer la garnison de Mastrick, s'approcha, par mes ordres, de Grave, place importante tant par sa scituation, que parce qu'elle ouvroit le commerce de la Meuse ; il s'en rendit sur le champ maître, après avoir permis à la garnison de 12 à 1300 hommes de se retirer à Bolduc.

Après la prise de Nimègue, voulant entièrement nettoïer la Meuse, et couper la communication de Bolduc avec le reste de la Hollande, j'envoyay ordre au vicomte de Turenne de marcher à Crevecœur, place scituée sur la Meuse, à l'embouchure du Canal de Bolduc, vis-à-vis l'isle de Bommel ; il attaqua brusquement cette place et s'en rendit maître en peu de tems, aussy bien que des forts Dorten, St. Theunis et d'Engelen, scitués sur le canal de Bolduc, et des forts de Worn et de St. André, le premier scitué à la pointe de l'isle Deshander, du costé de la haute Meuse, et l'autre, à l'autre pointe de la même isle, du côté de la basse Meuse, par divers détachemens, qu'il y envoya. Il passa ensuite la Meuse avec son armée sur le pont de bateaux qu'il avoit fait faire vis-à-vis du château de Héel, près de Crevecœur, entra dans l'isle de Bommel et vint assiéger la place capitale du même nom, scituée sur le Wahal, sur lequel les ennemys avoient plusieurs frégates armées. Mais à peine la place fut investie et la garnison vit les préparatifs que l'on faisoit pour l'attaquer, qu'elle se rendit à discrétion. Thuels subit incontinent après le même sort, et le vicomte de Turenne, après avoir pourvu à la sûreté de ces places, repassa la Meuse et vint se poster à Berlicum près de Bolduc pour y laisser rafraichir et respirer son armée, des grandes fatigues qu'elle avoit dû essuyer.

Pendant que le vicomte de Turenne faisoit toutes ces expéditions, je pourvus à la sûreté d'Utreck, de Worden et de toute cette frontière ; je retiray le duc de Luxembourg de l'armée des alliés et envoyay Rehel à sa place, pour la commander. Je chargeay le duc de Luxembourg du commandement d'Utreck et de toute cette frontière, le comte de Lorges de celuy du Betau, du Wahal et de la Meuse, le comte d'Estrades de celuy de Wesel, et des places et pays adjacens, et je renvoyay Chamilly avec les troupes, occuper son ancien poste, dans le voisinage de Mastrick, pour veiller à la garnison ; il y mourut peu de tems après ; je le regrettay fort, parceque c'étoit un galant homme et capable de me bien servir. J'établys aussy, en même temps, Montal à Tongres pour y commander et à la frontière voisine. Je laissay à tous ces generaux un nombre de troupes proportionnées à celles des ennemys à qui ils avoient affaire et aux entreprises que je voulois qu'ils tentassent et voyant que la campagne étoit avancée et que ma présence n'étoit plus nécessaire en Hollande, puisque par le party que les ennemys avoient pris de mettre le pays sous l'eau, il n'y avoit aucune expédition à faire, je resolus d'en partir avec les troupes de ma maison ; après avoir passé le Rhin à Arnheim, le Wahal à Nimègue et la Meuse à Grave, je me rendis à Boxtel sur la rivière de Dommel dans la maierie de Bolduc, assès près de cette place. Pendant le séjour que j'y fis pour laisser reposer mes troupes, le duc de Neubourg avec tous ses enfants me vint voir et m'assurer de sa reconnaissance, de son zèle et de son attachement à mon service. J'envoiay faire plusieurs courses dans le pays ennemy, et entr'autres Fourille, près de Bréda, pour soumettre toute cette contrée à la contribution. Je donnay le commandement de l'armée capitale qui restoit en campagne au vicomte de Turenne, je l'instruisys à fonds de mes intentions et des partys qu'il y avoit à prendre, soit pour s'oposer aux entreprises que les Hollandois voudroient faire sur mes conquestes, soit pour observer les mouvements de l'empereur et de quelques princes de l'empire qui, jaloux de ma gloire et de mes prosperitez et solicités puissamment par mes ennemys de s'opposer au torrent de mes conquestes, commençoient à remuer ; enfin, je partis de Boxtel avec les troupes de ma maison le 31 du mois de juillet pour m'en retourner en France, plei-

8

nement satisfait de la bénédiction que Dieu avoit donnée à mes armes, n'ayant à me plaindre que de la trop grande sagesse de ceux qui, par leurs bonnes raisons, avoient empêché les conseils et les magistrats d'Amsterdam de se soumettre à mon obéissance, et n'ayant à me reprocher que l'extrême indulgence que j'avois eu pour près de 20,000 prisonniers de guerre, en les renvoyant en Hollande, lesquels ont formé les principales forces que cette république a depuis employées contre moi.

Après mon départ, le vicomte de Turenne demeura avec son armée dans la maierie de Bolduc ou aux environs de Grave, pendant le mois d'aoust, et ayant apris que l'empereur et l'électeur de Brandebourg armoient et se disposoient à entrer en campagne, et que, d'ailleurs, tout étoit tranquille en Hollande, les Etats agissant de concert avec l'empereur et ne devant mettre leur armée en campagne qu'en même tems que la sienne, il résolut de marcher par le pays de Cléves, de venir passer le Rhin à Wesel, et de se poster à Boerbeck, dans le pays d'Essen, pour y observer les mouvemens des Allemands.

Dans ce tems-là, il arriva en Hollande un évènement bien funeste : les Etats outrés des mauvais succès de la campagne et suscités, à ce qu'on prétend, par le prince d'Orange qui ne pouvoit pardonner au pensionnaire De With, l'oposition qu'il avoit toujours témoignée à son élévation, rejettèrent tous les malheurs qui leur étoient arrivés sur la mauvaise administration de ce ministre ; ils avoient commencé par faire arrêter son frère, le bailly de Putten, à qui ils avoient imputé les mauvais succès de la flotte, et, comme le pensionnaire l'alla voir dans la prison de la Haye, pour l'en retirer, suivant la permission qu'il en avoit obtenu des Etats, le peuple en furie, agissant ou par son propre mouvement, ou par l'instigation des émissaires du prince d'Orange, se jetta sur les deux frères, les mit en pièces, et pendit leurs corps au gibet public, après leur avoir fait toutes les indignitez dont une populace forcenée est capable. Cette espèce de sédition, si dangereuse dans un tems comme celuy-là, ne fut point recherchée ni punie par les Etats ; tout fut assoupi dans le moment. Fageil créature dévouée de tout temps à la maison des princes d'Orange, succéda à De With dans sa charge de pensionnaire, et alors le prince d'Orange commença à prendre tout-à-fait l'essort.

Le vicomte de Turenne passa le mois de septembre dans le pays d'Essen et de Marck appartenant à l'électeur de Brandebourg, et ayant appris que les armées de l'empereur et de l'électeur de Brandebourg, étoient en marche pour se rendre au rendez vous général qui étoit fixé à Berg dans la Wetter, auprès de Francfort, partit de Beckem à la fin du mois de septembre, avec son armée, et s'avança à Mulheim sur le Rhin, dans le duché de Berg, un peu au dessous de Cologne, où il régla son séjour sur celuy que les ennemys faisoient auprès de Francfort et enfin remonta le Rhin, vers la fin d'octobre, jusqu'à Neuwied près d'Hermenstein, pour y observer de plus près les mouvemens des ennemys. Pendant ce tems, les Espagnols qui, jusques là, avoient été simples spectateurs de cette scène, envoyèrent Dagourte en Hollande avec un corps considérable de cavalerie sur le pied de troupes auxiliaires, en exécution d'un prétendu traité par lequel le roy catholique s'étoit engagé d'envoyer ce nombre de troupes aux Etats; le prince d'Orange assembla aussytôt son armée, et ayant joint les espagnols, assiégea Naerden, dont la conqueste luy étoit d'une grande importance, à cause de sa scituation sur le Zuiderzée, pour rassurer la ville d'Amsterdam que le voisinage de mes forces allarmoit continuellement.

Le duc de Luxembourg les assembla le plus diligemment qu'il pût pour marcher au secours de cette place, comptant que le gouverneur que j'y avois étably, comme un homme de confiance et de réputation parmi les troupes, feroit son devoir; mais à peine le prince d'Orange parut et les attaques furent commencées, que la teste luy tourna; il se rendit indignement étant près d'être secouru par le duc de Luxembourg.

J'estois informé qu'après la prise de Naerden, les Etats généraux, de concert avec l'empereur et avec l'électeur de Brandebourg, avoient resolu de faire passer le prince d'Orange et leur armée, jusques auprès de Trèves, pour se joindre à l'armée de l'empire et obliger par là, le vicomte de Turenne de repasser le Rhin, pour se raprocher de mes frontières et les garantir des courses que les ennemys pourroient y faire. Ce projet étoit fort bien concerté, parcequ'il conduisoit à tirer la guerre de l'empire et à la porter en Lorraine ou dans les évêchés, à la faveur de la Moselle et des villes de Trèves et de Luxembourg qui auroient pû fournir aux ennemys tous leurs besoins : je compris d'abord combien il étoit important de renverser un semblable projet dont je fis part, sur le champ, au vicomte de Turenne et luy envoiay ordre de faire diligemment construire un pont sur le Rhin, près d'Andernack, et d'y faire faire deux bons forts, pour le couvrir, afin d'être en état de passer diligemment ce fleuve pour s'oposer à la jonction des Hollandois et des Allemands et de pouvoir repasser dans l'empire, si la nécessité le requeroit. En effet, pendant que le vicomte de Turenne faisoit travailler à son pont, Montecucully, général de l'armée impériale et l'électeur de Brandebourg, s'approchèrent de Mayence avec leurs armées, et firent construire un pont de leur costé sur le Rhin, près de Gustaveboug, et le prince d'Orange passa la Meuse sur le pont de Mastrick, vint attaquer le château de Fauquemont, dans le pays d'outre Meuse, qu'il prit en peu de temps, le gouverneur ayant aussy mal fait son devoir que celuy de Naerden, et s'avança, avec l'armée de Hollande, jusques à St.-With sur les frontières des pays de Luxembourg et de Liège. J'avois, en même tems, envoyé le prince de Condé sur la rivière de Saare en Lorraine et Duras dans le pays de Julliers avec des corps considérables de troupes, le premier pour couvrir la Lorraine et les éveschez ou pour acourir en Alsace, en cas de besoin ; l'autre pour observer le prince d'Orange, et l'incommoder dans ses marches et dans ses vivres : tous deux pour joindre, en cas de nécessité, l'armée du Vicomte de Turenne et le mettre en état de rompre l'Ecot aux ennemys, s'ils s'approchoient trop de luy. Toutes ces choses étoient ainsy disposées et la guerre venoit de commencer auprès de Nassau, entre mes troupes et celles de l'empire, par un party que commandoit Lafitte, lieutenant de mes gardes du corps, qui battit les ennemys.

Je donnay ordre au vicomte de Turenne de passer diligemment le Rhin, de s'aprocher de Trèves et de conserver cependant son pont de bateaux sur le Rhin, dont il confia depuis la garde à un corps d'infantérie, commandé par Montbrun, maréchal de camp.

Le vicomte de Turenne, vers la my novembre, passa le Rhin et vint se poster dans des quartiers près de Witlich, à portée de soutenir son pont et d'empêcher la jonction des Hollandois et des Allemands : cette disposition réussit parfaitement bien, les ennemys des deux nations, voyant leurs projets déconcertés et l'impossibilité qu'il y avoit de se joindre, firent un assez long séjour, les uns auprès de St.-With, et les autres auprès de Mayence, et enfin, désespérant de pouvoir rien entreprendre du reste de la campagne, prirent le party de marcher pour retourner à des quartiers d'hyver dans leurs pays. En passant, les Allemands attaquèrent les retranchemens qui couvroient le pont de bateaux d'Andernack, d'où ils furent repoussés avec perte. Le prince de Condé s'aboucha ensuite avec le vicomte de Turenne à l'abbaye de Clousen, dans le pays de Trèves, pour se communiquer mutuellement mes ordres, et puis se séparèrent : le premier retourna en Lorraine et l'autre marcha à Adenau, sur les frontières du pays de Cologne, pour observer les mouvemens de l'armée du prince d'Orange qui se retiroit vers la Meuse, se préparer à repasser le Rhin au commencement de l'année suivante et à rentrer en Allemagne, pour chasser les troupes impériales et de Brandebourg des quartiers d'hyver qu'elles avoient pris en Westphalie, et s'y établir à leur place.

Le peu de succès que le prince d'Orange avoit eu dans ses desseins, faisoit juger avec raison que la campagne étoit finie pour luy. Cependant, pour faire une action d'éclat qui luy donnât de la réputation dans le monde et qui l'accréditât particulièrement en Hollande, et pour payer en quelque façon les Espagnols des peines qu'ils avaient prises, de passer dans les provinces unies pour le siége de Naerden, il résolut, malgré la rigueur de la saison, d'attaquer Charleroy, comptant, suivant la parole du comte de Monterey, lors gouverneur des Pays-Bas, de l'emporter d'emblée, tant parce que le gouverneur en étoit absent, que parce que la garnison étoit faible et la place ouverte. Les motifs de ce projet ne me paraissant que trop justes, j'envoyay ordre en toute diligence au prince de Condé, qui mettoit ses troupes en quartier d'hiver, d'y marcher brusquement, pour tacher d'y introduire du secours et à Montal, qui en étoit gouverneur et qui commandoit pour lors à Tongres et dans le pays de Liége, de se jeter dedans. Tous deux se mirent en devoir d'exécuter promptement mes ordres ; Montal entra heureusement dans la place, par le quartier des Espagnols, et tint lieu de secours. A peine fut-il entré, que les armes tombèrent des mains aux ennemys : ils levèrent aussytôt le siège et s'en retournèrent dans leur pays, peu satisfaits les uns des autres, comme il arrive ordinairement dans le mauvais succès ; ces prémices furent d'un funcste augure aux ennemys pour le cours du reste de la guerre. Le prince d'Orange ne se rebuta cependant pas pour ces premiers mauvais succès, et comptant que la solidité de son établissement naissant, dépendoit de quelque action d'éclat qui prévînt le public en sa faveur, il repassa en Hollande avec son armée, et connoissant de quelle importance il étoit de chasser les François de Woerden, place qui étoit dans le centre du pays, et qui les mettoit en état de pénétrer à la faveur des glaces, jusques à La Haye, il résolut de l'attaquer. La Marc, colonel de Picardie, y commandoit. La fortune ne fut pas plus favorable au prince, dans cette occasion, qu'elle l'avoit été pendant toute la campagne à ses maîtres, et le duc de Luxembourg qui avoit assemblé ses troupes en diligence, l'obligea de lever honteusement le siège et de se retirer en Hollande, aussi peu satisfait de sa campagne, que j'avois sujet d'être comblé de joie des succès heureux de la mienne.

NOTES.

Page 11, lig. 4.

J'avois inutilement sollicité l'Espagne, après la mort du Roi catholique, de rendre justice à la Reine sur les légitimes prétentions qu'elle avoit sur les Pays-Bas, etc.

Lorsque Philippe IV, Roi d'Espagne, maria l'infante *Marie-Thérèse*, sa fille, à Louis XIV, il la fit renoncer, moyennant une dot de 500 mille écus d'or qu'il lui constitua, à toute succession, soit directe, soit collatérale, sur les Royaumes et États qu'il possédait. Après la mort de Philippe IV, il fut publié, par ordre du Roi de France, des écrits qui établissaient que la renonciation que l'on avait exigée de la Reine, ne lui avait pas fait perdre ses droits sur les Royaumes et États possédés par l'Espagne.

Comme la coutume d'Espagne admet les filles à la possession de la couronne à défaut d'enfants mâles, les jurisconsultes français prétendirent que, si Charles II, fils de

Philippe IV, venait à mourir sans enfants, la reine Marie-Thérèse serait en droit de succéder à celle d'Espagne, parce que l'autorité paternelle ayant exigé qu'elle renonçât à toute succession, cette renonciation était nulle. On ajoutait que dès à présent, suivant la disposition des coutumes de Brabant et de Flandre, le duché de Brabant, le marquisat d'Anvers, la seigneurie de Malines, partie de la Flandre, et partie du Luxembourg, étaient échus à la reine par le décès de dom Balthasar, son frère, arrivé après celui de Philippe IV.

Les écrits des Français sur cette matière commencèrent une première guerre entre les jurisconsultes. Les docteurs Espagnols répliquèrent vivement. Cette dispute fut le prélude d'une guerre plus dangereuse, que le Roi déclara à Charles II, qui regardait sa sœur comme absolument excluse de tous droits successifs, au moyen de sa renonciation.

(*Mémoire général au sujet de la guerre que Louis XIV déclara en* 1672 *contre la Hollande*, manuscrit in-fol. appartenant à M. le comte De Betz, pag. 1.)

Page 11, lig. 13.

La plupart des meilleures places des Pays-Bas s'étoient soumises à mon obéissance.

Le Roi porta la guerre en Flandre et se rendit maître de plusieurs villes importantes que Charles II y possédait : Bergues, Furnes, Tournai, Courtrai, Oudenarde et Lille ne purent résister à ses armes.

Page 12, lig. 4.

Je dissimulai, je conclus la paix à des conditions honorables.

La paix fut conclue entre la France et l'Espagne, à Aix-la-Chapelle, le 2 mai 1668. Il fut dit par ce traité que le Roi demeurerait maître des places qu'il avait conquises en Flandre, et qu'il rendrait celles de la Franche-Comté dont il s'était également emparé.

Page 12, lig. 10.

Fatigué et pour ainsi dire accablé des perfidies du duc de Lorraine.

Ce duc était le fameux *Charles-Léopold-Nicolas-Sixte de Lorraine*, dit le *Duc Charles*, mort en 1690, avec la réputation d'un des plus grands généraux de son temps.

Page, 12 lig. 14.

J'augmentai peu à peu mes troupes, afin de ne point alarmer mes voisins par des levées brusques et puissantes.

Le Roi fit lever en Italie un régiment d'infanterie qui fut nommé *Roial italien*, 500 hommes à Gênes, six compagnies dans les états de Parme et de Modène, un régiment de cavalerie et un régiment d'infanterie dans ceux du duc de Savoye, dix-huit mille hommes en Suisse, et trois régiments en Angleterre et en Irlande.

Page 12, lig. 17.

J'engageai le Roi de la Grande-Bretagne à unir ses forces aux miennes.

Cette négociation fut conduite très-secrètement. Le Roi n'en chargea pas M. Colbert, son ambassadeur à Londres, mais il jeta les yeux sur Henriette d'Angleterre, sœur de Charles II et épouse de Monsieur, pour l'amener à bonne fin. Louis feignit de vouloir visiter ses places maritimes; Madame fut de ce voyage. Arrivée à Calais, elle demanda exprès au Roi la permission d'aller voir le Roi d'Angleterre, son frère, et passa à Douvres. Charles II s'y rendit de son côté. C'est dans cette entrevue qu'elle lui proposa de s'allier avec la France. Elle lui fit espérer que le Roi et lui se partageraient les conquêtes qui se feraient dans les Pays-Bas, et que Louis XIV lui fournirait des secours pour favoriser les catholiques anglais. Charles, qui aimait beaucoup sa sœur, fut aisément persuadé. Il fut fait le 13 février 1672 un traité d'alliance entre les deux couronnes. Par ce traité, le roi d'Angleterre s'obligea de fournir à la France un corps de 6000 hommes.

Page 13, lig. 10.

Je profitai de cette occasion; j'offris ma protection et mon secours à l'Électeur.

Le Roi fit d'abord des approvisionnements dans le pays de Cologne sous le nom de M. l'Électeur, puis il y envoya des troupes. La présence de ces troupes détermina un arrangement entre la ville de Cologne et l'Electeur, et les troupes hollandaises qui se trouvaient dans cette ville en furent renvoyées.

Page 13, lig. 12.

Je mis heureusement de la partie l'Évêque de Munster qui étoit un prince de réputation dans l'empire, etc.

Cet Évêque était plus propre à porter l'épée que la crosse. Il prétendait avoir à se plaindre des Hollandais. Il les accusait de l'avoir forcé, par un traité, à licencier ses troupes, à ne pouvoir entretenir sur pied que 3,000 hommes pour la garde de ses places, à évacuer la ville et le château de Borenlac et à renoncer au droit qu'il disait avoir sur cette Seigneurie.

Page 16, lig. 6.

Les Hollandois demeurèrent dans un assoupissement presque léthargique pendant tout l'hiver.

Ce qui explique le repos dans lequel restèrent les Hollandais, c'est que l'Europe se trompa d'abord sur le vrai motif des préparatifs de Louis XIV. On crut qu'ils étaient destinés contre l'Espagne, parce que le comte de Monterey, gouverneur des Pays-Bas espagnols, faisait fortifier Mons, Valenciennes, Gand, Cambrai et les autres places espagnoles. Les Hollandais eux-mêmes le crurent, et sollicitèrent le roi d'Espagne de prévenir Louis XIV et de lui déclarer la guerre les premiers.

Page 18, lig. 1.

J'assemblay la mienne vers Charleroy.

Le 28 avril 1672 le Roi partit pour se rendre à Charleroy. Il avait environ 120,000 hommes qui composaient trois corps d'armée.

Page 20, lig. 17.

En passant le Wath.

Louis XIV a écrit le nom de cette rivière de trois manières différentes dans son Mémoire : *Vath, Vahal* et *Wahal.*

Page 22, lig. 17.

Je résolus de l'avis du prince de Condé de faire tenter le passage.

Les difficultés presqu'insurmontables qui se rencontraient à jeter des ponts à l'endroit où l'on passa le Rhin, auraient rebuté tout autre conquérant que Louis XIV ; mais sa valeur accoutumée à surmonter les plus grands obstacles lui suggéra des facilités pour le passage, qu'un courage ordinaire n'eût pas osé se promettre.

(*Manuscrit de la guerre de Hollande*, pag. 12 et 13.)

Page 22, lig. 27.

Nogent, mareschal de camp et maître de ma garderobbe.

Le corps du comte de Nogent ayant été trouvé à trois lieues au-dessous de l'endroit où ce seigneur avait péri, en passant le Rhin à la nage, fut inhumé avec pompe dans la principale église de Zevenaër.

(*Journal de la Guerre de Hollande*, tom. 1, p. 166.)

Page 23, lig. 1.

Théobon et quelques autres officiers ou volontaires furent tués.

Ce récit ne s'accorde pas avec celui de Voltaire qui, dans son *Siècle de Louis XIV*, avance mal à propos, sans doute, qu'on ne perdit au passage du Rhin *que le comte de Nogent.* Ce n'est pas du reste la seule inexactitude que nous aurons à reprocher à ce célèbre écrivain.

(*Siècle de Louis XIV*, publié par M. de Francheville, Amsterdam, 1765, tom. 1, pag. 143.)

Même page, lig. 2.

Revel, colonel des cuirassiers, blessé.

Boileau s'exprime ainsi, dans son *Epître au Roi*, au sujet du comte de Revel :

> Revel le suit de près : sous ce chef redouté
> Marche des cuirassiers l'escadron indompté.

(*Voyez* aussi sur ce seigneur la *lettre* écrite par Madame de Sévigné aux Rochers, le 21 septembre 1689.)

Pag. 24, lig. 1re.

Je demeuray avec mon frère, le vicomte de Turenne et le reste de l'armée sur le bord du Rhin.

Selon M. Lacretelle, cette circonstance aurait *diminué un peu l'éclat du passage du Rhin*, que l'on compara dans le temps à celui du Granique; mais il est à croire que cet habile historien ne connaissait pas le motif qui porta Louis XIV à ne point traverser ce fleuve avec le reste de ses troupes, motif qui était de s'opposer au prince d'Orange, dans le cas où il se fût avancé pour tomber sur l'armée française, à demi-passée, et attaquer son arrière-garde. C'est ce qu'explique très-bien le Roi dans son Mémoire. (Voyez *Biographie Universelle*, article *Louis XIV*, tom. 25, pag. 113.)

Page 25, lig. 23.

La mort du duc de Longueville, etc.

Rien dans le Mémoire de Louis XIV ne ressemble à ce qu'a écrit Voltaire touchant l'*ivresse* du jeune duc de Longueville. L'auteur du *Journal de la Guerre de Hollande* dément lui-même les assertions du patriarche de Ferney. « Le malheur fut, dit-il, que M. de Longueville n'ayant point pris garde à ce qui se passait, en cherchant par où franchir la barrière, trouva trop tost un passage, attaqua le premier des officiers qui tomba sous sa main et le tua, et sur le bruit confus du *kartyr* que demandaient les ennemis, commença de faire main-basse et de crier point de *cartier* ; il fut bientôt suivy de tous ceux qui estoient présents, mais les ennemis au désespoir se rejettèrent à leurs armes, et firent leur décharge trop heureusement pour eux, puisque M. de Longueville, etc., furent tuez sur la place.

(*Journal de la Guerre de Hollande*, page 34 et 35.)

Page 26, lig. 2.

Particulièrement la blessure de Monsieur le Prince, etc.

Cette blessure retarda beaucoup les conquêtes de Louis XIV, car le nom seul de Monsieur faisait trembler les ennemis; ils ne commencèrent à résister aux Français, que lorsqu'ils surent qu'il ne pouvait être à leur tête, à cause de sa blessure.

Page 27, lig. 8.

Pour rassurer les esprits que la rapidité de mes conquestes avait fort alarmés.

L'auteur du *Journal de la Guerre de Hollande* attribue à la retraite même du prince d'Orange, l'alarme dont parle Louis XIV. « Cette retraite, dit-il, fut si précipitée qu'elle jetta l'effroi dans tous les lieux où il passa ».

Page 29, lig. 6.

La ville de Doesbourg qui faisoit une assez bonne deffence.

Le Gouverneur ayant été sommé de se rendre ne voulut écouter le trompette, ni recevoir la lettre du Roi; qu'il portait.

Même page, lig. 18.

Je perdis Martinet, maréchal de camp.

M. le comte de Soissons qui commandait en l'isle de l'Issel et qui avait ordre de faire tirer à revers dans un poste que gardaient les ennemis, le fit sans savoir que Martinet l'eust gagné, desorte qu'il y fut emporté d'un coup de canon, ainsi que le sieur Soury, capitaine suisse, d'une mousquetade, et encore le sieur Cyron, nommé au gouvernement de Ste. Menehould, ce qui donna lieu à la raillerie de dire que Doesbourg et les 4500 hommes qui estoient dedans et qui se rendirent à discrétion, n'avoient cousté au Roi qu'un *martinet*, une *soury* et un *cyron*.

(*Journal de la Guerre de Hollande*, t. 1, p. 161 et 162.)

Page 30, lig. 22.

Les avantages que ma flotte et celle d'Angleterre avoient remportés sur celle des états.

Jamais les Français ne montrèrent sur mer tant de bravoure que dans le combat naval de Solbaie. Le roi d'Angleterre se plut à le reconnaître et déclara aux grands de sa cour qu'*ils s'étaient battus comme des lions, plutôt que comme des hommes.*

Page 31, ligne 13.

Comme je fis d'Amuyfort.

C'est sans doute d'Amersfort, à 5 lieues nord-est d'Utreck, que Louis XIV veut parler. Il est, au surplus, à remarquer que les noms de la plupart des villes, châteaux et rivières, sont mal écrits, ou, comme on l'a déjà dit, orthographiés de diverses manières dans le Mémoire que nous publions.

Page 32, lig. 21.

M'obligèrent à borner mes conquestes à Worden. Plus loin, Louis XIV écrit *Woerden*, qu'on prononce *Vourdn.*

Page 33, lig. 11 et suiv.

Le secret pressentiment que j'eus que le fardeau de la guerre retomberoit enfin sur les Pays-Bas Espagnols, et que les places qui me seroient cédées pour la paix seroient bien d'un autre prix pour la sureté et l'agrandissement de mon Royaume, QUE CELLES DE HOLLANDE...., ME DÉTERMINA DE REFUSER LA PAIX.

On voit par ce passage, que Voltaire s'est encore trompé en supposant, comme il l'a fait, que Louis XIV exigeait pour la conclusion de la paix, que les États lui cédassent *tout ce qu'ils avoient au-delà du Rhin, Nimègue, des villes et des forts, dans le sein de leur pays.* Le Mémoire du Monarque semble, au contraire, indiquer qu'il ne voulait ni de ces villes, ni de ces forts, à cause de leur grand éloignement de ses frontières.

(*Voy. le Siècle de Louis XIV*, tom. 1, p. 148.)

Page 36, lig. 16.

Je chargeay le duc de Luxembourg du commandement d'Utreck.

Pendant qu'il commandait dans cette ville, Luxembourg, digne émule de Turenne, mit la Hollande dans un nouveau danger : il tenta de surprendre Leyde et La Haye avec douze mille fantassins tirés des garnisons voisines, et dont on avait armé les souliers de crampons, pour qu'ils pussent marcher sur la glace.

(Voyez l'*Histoire de la Guerre de Hollande*, par De Courtilz, 1re. partie ; et le *Siècle de Louis XIV*, par Voltaire, tom. 1, pag. 155.)

Page 37, lig. 26.

Je partis avec les troupes de ma maison, le 31 juillet, pour m'en retourner en France.

Ces troupes escortèrent le monarque jusques à Saint-Quentin, où le Roi arriva le 1er. août, et elles furent renvoyées de là en Hollande, sous le commandement de Rochefort.

« Alors, dit M. Lacretelle, l'ivresse des françois étoit » au comble ; elle éclata dans un triomphe que Louis eut » la foiblesse de se décerner à lui-même ».

Le magnifique arc triomphal de la porte Saint-Denis, fut élevé à cette époque sur les dessins de François Blondel, pour immortaliser les conquêtes du Monarque.

(*Histoire de la Guerre de Hollande*, par De Courtilz, pag. 51 ; — *Biogr. Universelle*, tom. 25, pag. 184.)

Page 38, lig. 6.

N'ayant à me reprocher que l'extrême indulgence que j'avois eue pour près de 20,000 prisonniers de guerre, en les renvoyant en Hollande.

Anquetil fait monter le nombre de ces prisonniers à *vingt-cinq mille*, et Voltaire le porte à *vingt-huit*; comme on le voit, ni l'un ni l'autre de ces écrivains ne sont d'accord sur le chiffre, avec la relation du Roi. Ils diffèrent également entre eux sur le prix que Louis XIV exigea à fin de rendre la liberté aux soldats hollandais : Anquetil prétend que ce fut pour *quatre écus* par tête, et Voltaire, pour *un écu*. Nous avons pensé qu'il était bon de signaler ces contradictions, qui prouvent le peu de confiance que méritent les ouvrages d'Anquetil et de Voltaire, malgré les éloges que des hommes d'un rare mérite se sont plu à leur décerner.

(Voyez l'*Histoire de France, depuis les Gaulois jusqu'à la mort de Louis XIV*, Paris 1822, tom. XII, p. 67 ; — et le *Siècle de Louis XIV*, déjà cité, t. 1er., p. 161.)

Page 40, lig. 20 et suiv.

Le Gouverneur que j'y avois établi.... se rendit indignement.

Ce gouverneur se nommait Du Pas ; irrité du premier affront que recevaient ses armes, Louis, dit l'auteur du *Siècle de Louis XIV*, le fit condamner à être traîné dans Utreck, une pelle à la main, et à avoir son épée rompue.

Ce traitement était bien mérité, si Du Pas s'était conduit aussi lâchement que le dit le Roi.

Page 42, lig. 18.

Je donnay ordre au vicomte de Turenne de passer diligemment le Rhin.

Anquetil semble insinuer que Turenne n'avait reçu d'autre ordre que de se tenir sur une défensive honorable, et *qu'il crut devoir traverser lui-même* le Rhin. Cette version est contraire au Mémoire de Louis XIV, où l'on voit, en effet, que ce fut le Monarque qui lui donna l'ordre de franchir ce fleuve.

(*Voyez l'Histoire de France, depuis les Gaulois jusqu'à la mort de Louis XVI*, p. 6.)

Page 45, lig. 10.

Aussi peu satisfait de sa campagne que j'avois sujet d'être comblé de joie des succès heureux de la mienne.

Tout le monde connaît la rapidité de cette célèbre campagne, ou *de ce voyage*, selon l'expression de Louvois, dans lequel, en moins de six semaines, quarante-six villes ou ports furent emportés, et la Hollande presque entièrement conquise.

OUVRAGES DE M. H. DUSEVEL,

QUI SE TROUVENT CHEZ CARON-VITET,

IMPRIMEUR-LIBRAIRE A AMIENS.

1. LETTRES SUR LE DÉPARTEMENT DE LA SOMME, un vol. *in*-12, Amiens 1827. . . . . 3 fr.

2. NOTICE HISTORIQUE ET DESCRIPTIVE DE L'ÉGLISE CATHÉDRALE D'AMIENS, *in*-8°. avec 4 lithographies, Amiens 1830. 2 fr. 50 c.

3. HISTOIRE DE LA VILLE D'AMIENS, DEPUIS LES GAULOIS, JUSQU'EN 1830, ornée de 12 planches; 2 vol. *in*-8°. Amiens 1832. . . . . 12 fr.

4. RAPPORT A M. LE MINISTRE DE LA JUSTICE ET DES CULTES SUR LES PRINCIPALES ÉGLISES DU DÉPARTEMENT DE LA SOMME, *in*-8°. Amiens 1837. . . . . 1 fr. 25 c.

5. MONUMENTS ANCIENS ET MODERNES DE LA VILLE D'AMIENS, dessinés par MM. DUTHOIT frères, et décrits par M. H. DUSEVEL. 2 vol. *in*-4°. ornés de 100 planches. Le premier volume est en vente. . . . . 25 fr.

6. DESCRIPTION HISTORIQUE ET PITTORESQUE DU DÉPARTEMENT DE LA SOMME, par MM. H. DUSEVEL et P.-A. SCRIBE; 2 vol. *in*-8°. avec 12 planches.. . 15 fr.

7. NOTICE SUR LA BANNIÈRE DE PÉRONNE, ornée d'une vue représentant le siége de cette ville par les Impériaux en 1536; grand *in*-8°. Amiens 1838. . . . . 4 fr.

8. ESSAI HISTORIQUE SUR LES ANCIENS USAGES DU PALAIS, LES PROVERBES DU BARREAU, LES LIVRES DE JURISPRUDENCE LES PLUS SINGULIERS, etc... — Cet ouvrage, fruit de longues recherches, et qui formera 2 vol. *in*-8°., paraîtra incessamment.

9. LE ROI ET LE SUJET, EPISODE DU XVIme. SIÈCLE; *in*-8°. — Cet ouvrage est sous presse.

ON TROUVE ÉGALEMENT

chez le même Libraire :

nant l'indication des Villes, Villages, Bourgs, Hameaux, Fermes, Moulins et Ecarts qui le composent; avec la description des Communes remarquables par leurs Etablissements divers, et les Faits historiques dont ils ont été le théâtre. *(Sous presse.)*

PRÉCIS HISTORIQUE ET ANALYTIQUE DES ARTS DU DESSIN, avec 7 planches ; suivi d'un précis sur la Danse ancienne et moderne; par **M. C. J. B.** Un vol. *in*-8°. . . . 6 fr.

LE SIÉGE d'AMIENS, Roman historique; par **M. T.** 4 vol. *in*-12. Amiens 1830. 6 fr.

MÉMOIRE SUR LES ANCIENS MONUMENTS DE L'ARRONDISSEMENT DE DOULLENS, couronné par l'Académie d'Amiens ; par M. Eugène *Dusevel,* brochure *in*-8°. 2 f. 50 c.

ANNUAIRE DU DÉPARTEMENT DE LA SOMME, 1 vol. *in*-8°. ;

et le

GUIDE DE l'ÉTRANGER DANS AMIENS, 1 vol. *in*-18,

(pour chaque année.)

Amiens de l'Imprimerie de Caron-Vitet.

www.ingramcontent.com/pod-product-compliance
Ingram Content Group UK Ltd.
Pitfield, Milton Keynes, MK11 3LW, UK
UKHW021112290826
14628UKWH00014B/1837

9 782012 397460